带你去逛博物馆

上海博物馆

玉兰童书 著

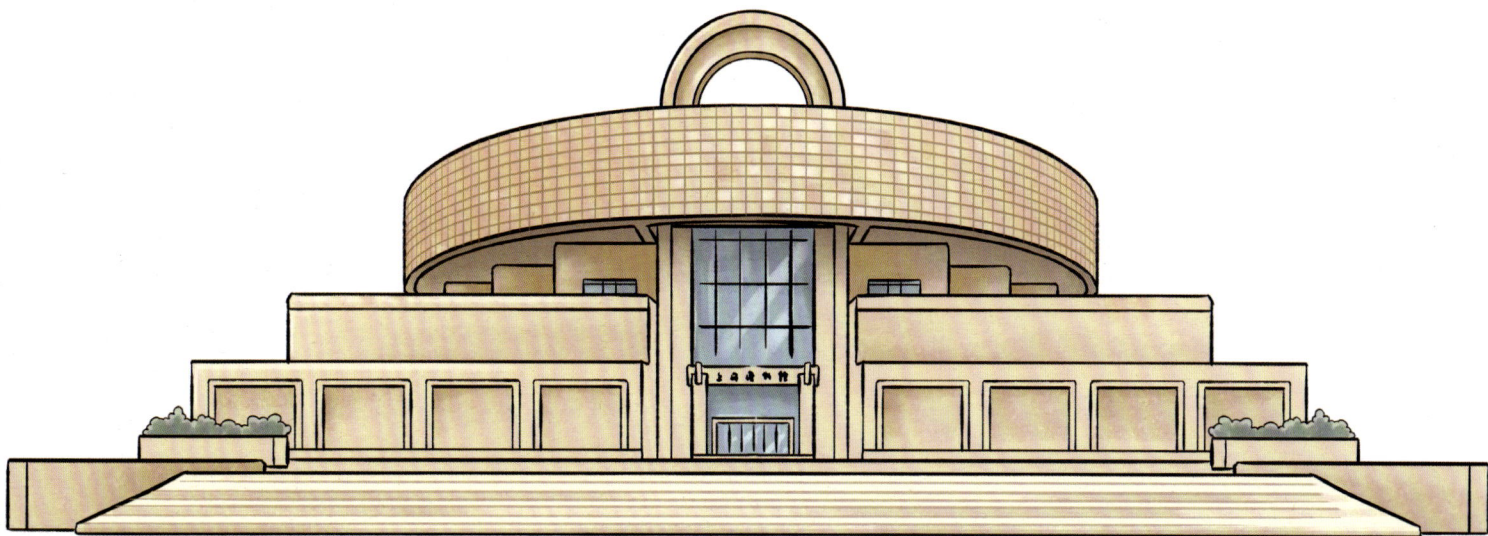

河北出版传媒集团
河北少年儿童出版社
·石家庄·

目录

02

06

10

14

18

玉神人

甲簋

大克鼎

晋侯稣钟

商鞅方升

22

26

30

34

38

子仲姜盘

王羲之《上虞帖》卷

越窑青釉海棠式碗

缂丝《莲塘乳鸭图》

景德镇窑粉彩蝠桃纹橄榄瓶

玉神人

【出土信息】 出土于湖北省天门市石家河遗址。
【国宝简介】 来自新石器时代石家河文化的一件全身人像玉器，长 3.4 厘米，宽 1 厘米，高 10.3 厘米。

威严的玉神人

方脸、梭形眼、宽鼻、阔嘴，这件来自新石器时代的玉神人面部造型很奇特。他头戴平冠，两耳戴着圆形耳环，双手交于胸前，双腿微屈站立，看起来很是威严。这件玉神人不但造型别致，玉质也是晶莹剔透。

长 3.4 厘米

高 10.3 厘米

我的样子酷不酷？

我和你们不一样，我可是有身体的！

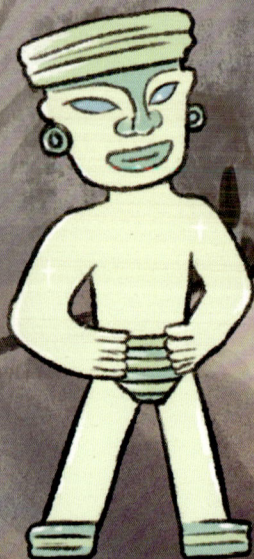

为何如此珍贵？

新石器时代出土的玉器多为人物形象，一般是人首造型，像这件全身人像的玉器较为罕见，所以才非常珍贵。

2

正在做法的巫师

　　根据人像的姿势判断，这件玉神人应该是古代巫师正在做法的形象。巫师"做法"其实就是巫师装神弄鬼，替人和神进行沟通，帮人祈祷。

巫师的地位不一般

　　在新石器时代，巫师很多都是氏族部落的首领，他们被认为是神灵的化身，拥有与神沟通的能力，在氏族部落中有着神圣的地位。

切割玉石的沙子

　　玉，其实是一种石头。在没有现代切割工艺的古代，古人是如何切割如此坚硬的玉呢？我国的先民在长期的劳动实践中，发现了比玉石更坚硬的金刚砂，被称为"解玉砂"，于是就用"解玉砂"来切割玉石。"他山之石，可以攻玉"。这里的"他山之石"正是这种"解玉砂"。

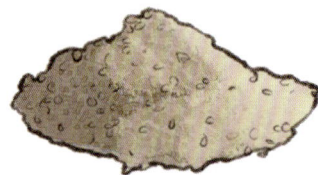

解玉砂

真正切割玉石的，不是绳子，而是沙子。

解玉砂

解玉砂如何切割玉石？

　　古人切割玉石，有线切割和砣切割等方法。其中，线切割要先将玉料固定，然后用手分别握住一条牛皮绳或者麻绳的两端，向玉料下方用力，来回地在玉料上拉动，同时，玉料上方会有加了水的解玉砂落下来，绳子带动解玉砂，磨耗玉料，对玉料进行切割分解。后来，人们又发明了绳弓，这样方便手持，能够更快地拉扯和切割玉料。古人就是通过解玉砂的摩擦作用来得到想要的玉石形状和纹饰。

解玉砂怎么来的?

　　解玉砂是从江河泥沙中筛选出来的。先从泥沙中筛选出石英砂与刚玉砂的混合物,再经过捣沙和研浆,就能得到颗粒均匀的解玉砂。

捣沙

研浆

甲簋

【出土信息】 1925 年出土于陕西省宝鸡市斗鸡台。

【国宝简介】 这件方座簋是西周早期的文物，高 29.8 厘米，口径 22.5 厘米。

满是凤鸟纹的"簋"

周人很喜欢凤鸟纹，所以这件簋上有各种凤鸟纹。颈腹两侧的附耳为兽首鸟身的形式。颈部和圈足饰长冠分尾鸟纹。方座上则有三种鸟纹，上沿饰四只略小的垂尾鸟纹，两两对称，好奇地看着下方。下沿饰对称的长尾鸟纹，两侧饰伫立式的鸷鸟纹。

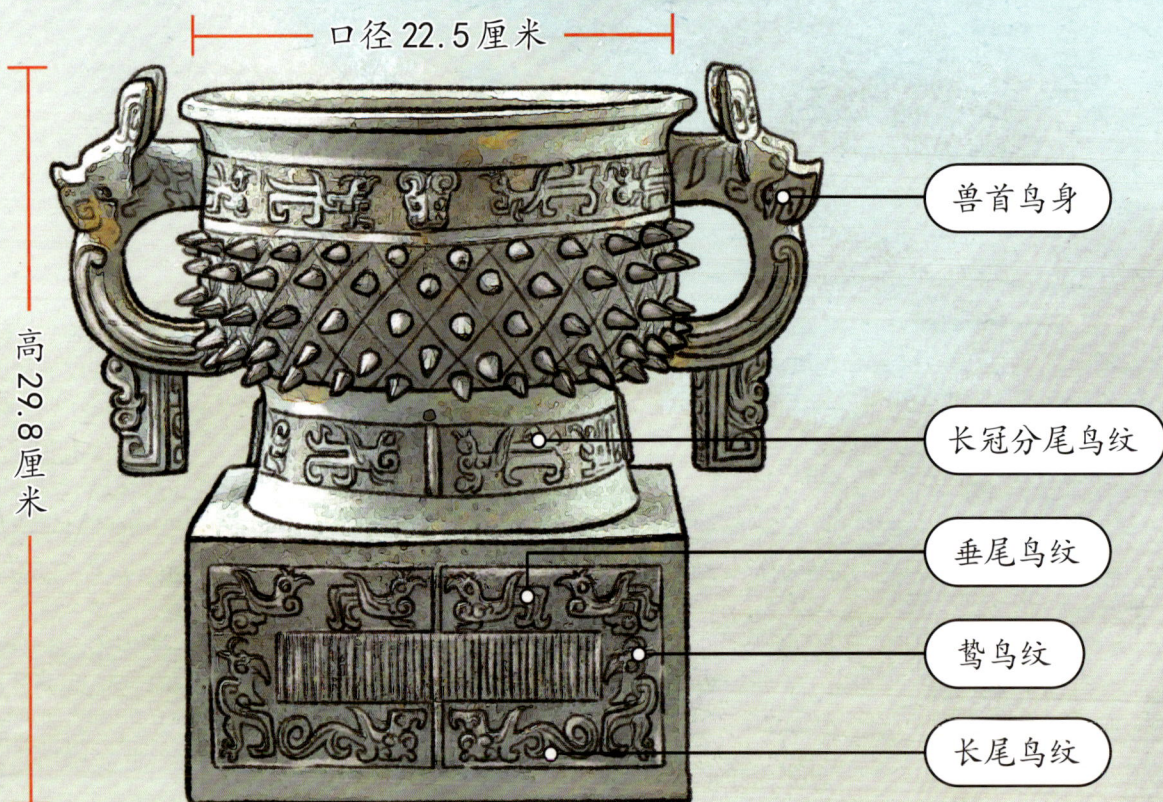

口径22.5厘米

高29.8厘米

兽首鸟身

长冠分尾鸟纹

垂尾鸟纹

鸷鸟纹

长尾鸟纹

为何叫甲簋

因为这件簋的内底有一个"甲"字，所以我们把它称为"甲簋"。据推测，这个"甲"字是簋的主人的名字。

用来盛放饭食的簋

　　簋是古代器具，主要用于盛放饭食。为了方便盛饭食，簋都是敞口，而且腹部鼓鼓的。簋有无耳、双耳、四耳等多种样式。有些簋还带有盖子，以防止饭食变凉。

云雷垂叶纹簋

俪伯簋

木羊簋

父戊簋

史颂簋

簋和鼎配合使用

　　西周时期，簋和鼎一般都是搭配使用，"鼎"盛放肉制品，"簋"盛放黍、稷等粮食。鼎和簋的搭配数量，因主人身份、等级高低而不同。簋多以偶数出现，据文献记载：天子八簋、诸侯六簋、卿大夫四簋、士大夫二簋。

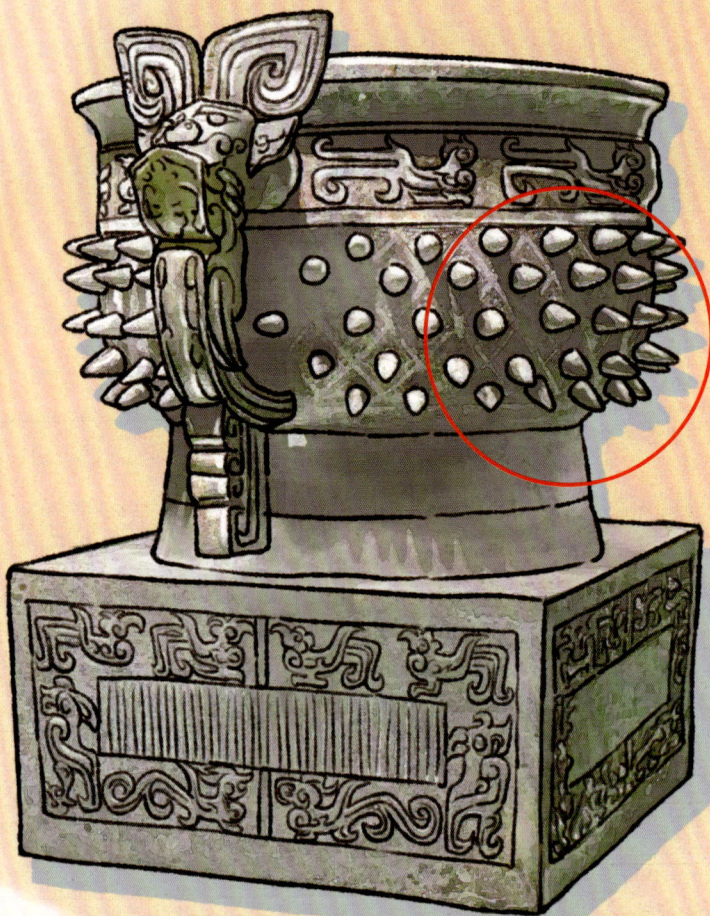

"浑身带刺"的簋

　　看到这件青铜器时，你是不是觉得特别好玩儿？簋身上有一根根尖长的乳钉，就像刺猬身上的刺。其实，这种像乳突状的"钉"也是一种纹饰，称为"乳钉纹"。

青铜器上的乳钉纹

　　其实乳钉纹在青铜器上还是挺常见的，鼎、簋、编钟以及铜镜上都能见到乳钉纹。

四乳星云镜

乳钉三耳簋

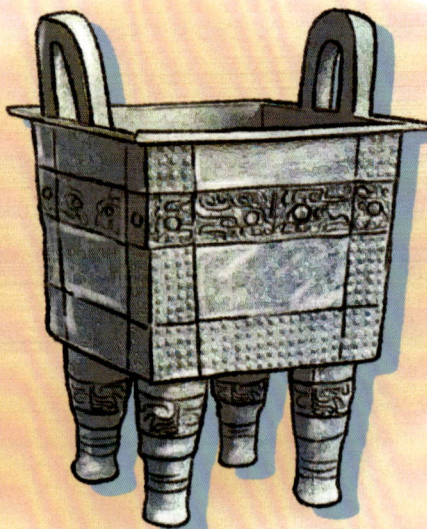

乳钉纹方鼎

多子多孙的美好愿望

　　古人把生儿子叫作"添丁"，人们猜测，这件器物上的乳钉纹表达了古人想多子多孙、人丁兴旺的愿望。

大克鼎

【出土信息】 清朝光绪中期出土于陕西省扶风县法门镇任村。

【国宝简介】 来自西周中期的大克鼎，高 93.1 厘米，口径 75.6 厘米，重 201.5 千克。

"我的爷爷超级厉害"！

大克鼎内壁铸铭文 28 行，共计 290 字。这 290 个字主要分为两个部分，其中，第一部分是克称赞他爷爷的功绩，称赞他爷爷谦逊、宁静，能安定边远，融合内地，对王室做出了突出的贡献，因此周王才会任命克为宫廷大臣。

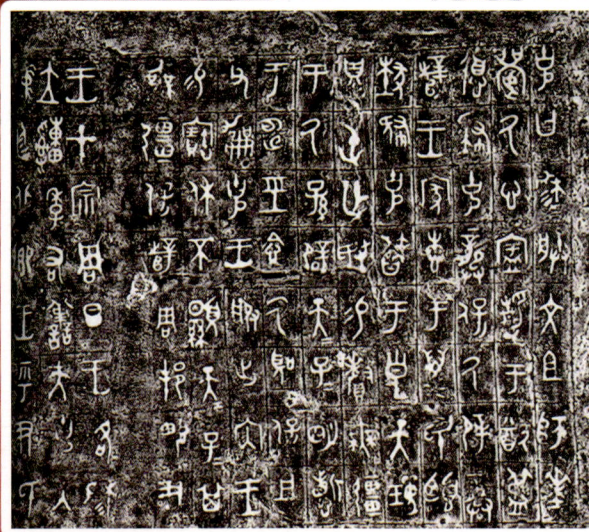

第一部分铭文

> 看到这尊鼎，就想起了我那超厉害的爷爷。

口径 75.6 厘米

高 93.1 厘米

"克"是一个人名

为什么这件国宝称为大克鼎？这尊鼎是西周时期一名叫克的贵族为祭祀他的祖父而铸造的青铜器，所以被称为大克鼎。因为克被周王授予"膳夫"这一官职，所以大克鼎又被称为膳夫克鼎。

"感谢周王赏赐"

　　铭文的第二部分记载了周王任命克官职，赏赐克礼服、土地和奴隶，克拜谢周王，十分愉快地接受了任命以及赏赐。

你的爷爷立了大功！你得到的赏赐是……

谢周王！

祖先建功立业，后代跟着享福

在西周时期，如果祖辈父辈很厉害，那么他们的子孙也会因此受到庇荫，享受各种特权，得到大量的财物赏赐。特别是那些有建功立业的贵族，他们的子孙都会享受许多的余荫庇护。

你们的祖辈立下了赫赫战功……

大克鼎可是史学家的宝物

为什么说大克鼎是史学家的宝物呢？因为通过大克鼎铭文中的年号，历史学家可以确定事件发生的历史年代，而且大克鼎记录的事件，也对研究西周时期的职官、礼仪、土地制度等有极为重大的意义。

"兄弟"大盂鼎

在中国国家博物馆有一件文物叫大盂鼎，被称为大克鼎的兄弟。因为这两尊鼎都曾经有着同一个主人——潘祖荫。清朝时期，著名的金石收藏家潘祖荫不仅得到了大盂鼎，而且多年之后又收藏了大克鼎，所以当时最著名的两大鼎——大克鼎和大盂鼎都齐聚潘府，双鼎生辉，可谓壮观。

兄弟终于相见了！

潘祖荫

"晚清海内青铜器三宝"

大克鼎、大盂鼎与现藏台北故宫博物院的毛公鼎，一起被誉为"晚清海内青铜器三宝"。如果按高度排，第一件是高 101.9 厘米的大盂鼎，第二件是高 93.1 厘米的大克鼎，个头儿最小的是毛公鼎。毛公鼎只有 53.8 厘米，但是铭文字数最多，有 500 个字。

大盂鼎

大克鼎

毛公鼎

晋侯稣钟

● 【出土信息】 1992年出土于山西省曲沃县北赵村晋侯墓地8号墓。

● 【国宝简介】 西周晋侯稣钟材质为铜，上海博物馆馆藏有14件，这组编钟一
共分为两组，大钟最高的有52厘米，小钟最小的高为22厘米。

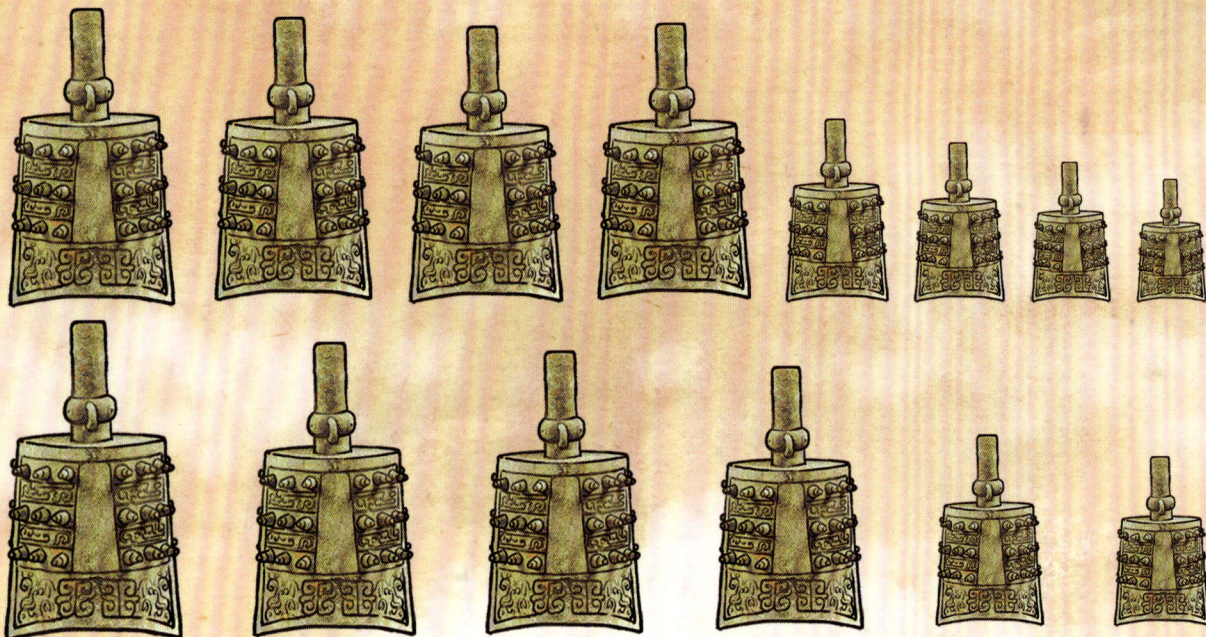

钟，一种打击乐器

晋侯稣钟中的"晋侯稣"是人名，"钟"不是看时间的钟，而是一种打击乐器。这种乐器发音类似钟声，清脆悦耳，主要流行于商周及春秋战国时期。

特写（其一）

分居两地的晋侯稣钟

晋侯稣钟其实一共有 16 件,上海博物馆有 14 件,还有 2 件在山西博物院。

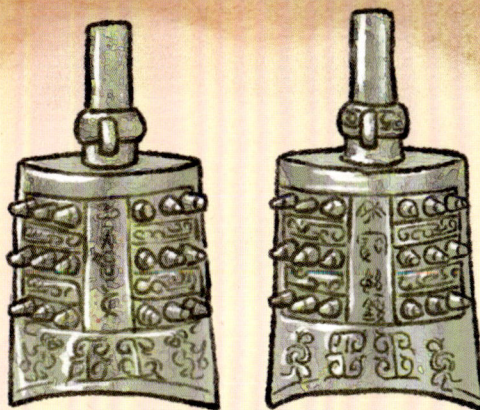

在山西博物院的两件晋侯稣钟

晋侯稣

一场战争和一次嘉奖

这套编钟刻有长篇铭文,一共 355 个字,至今依旧保存得非常完好。铭文记述了西周晚期一场激烈的战争以及战争后晋侯稣得到嘉奖的事。这场战争是周厉王亲自指挥的讨伐宿夷的战争,晋侯稣率军参加。在战争中,晋侯稣作战十分勇敢,大获全胜。为了表彰他的战功,周王两次接见并重赏于他。晋侯稣为了铭记这来自天子的至高无上的奖励,便铸了一套编钟,将恩典铭刻于钟上。

何为编钟？

编钟，其实就是被编成组使用的钟。古人将大小不同的铜钟依一定顺序悬挂在钟架上，然后用木槌击打，奏出动听的乐曲。早在殷商时期，中国就有了3枚为一组的编钟。到了春秋战国时期，编钟数目逐渐增多，有9枚一组和13枚一组的编钟。

钟的数量越多，主人身份越高

在中国古代，编钟是上层社会专用的乐器，是等级和权力的象征，一般在祭祀、宴享等重要场合使用。编钟的数量可以一定程度体现出主人的身份，身份越高，所用的钟数越多，编钟所奏的乐曲也就越复杂。

编钟的排序

经过专家对编钟铭文的重新整理，发现古人是按音调高低的顺序来安排钟的位置的，而不是按照尺寸来搭配编钟。

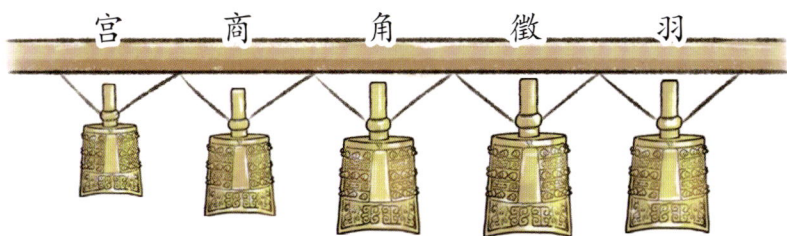

宫　商　角　徵　羽

甬钟和钮钟

在钟体顶部设可以悬挂的甬或钮，其式样因此也分为甬钟、钮钟。

甬

钮

甬钟的钟体上方铸有用于悬挂的长柄状甬，使用时倾斜悬挂。

钮钟的钟体上方铸有用于悬挂的钮，使用时直悬。

一个鼓，两种音

钟被敲击的部位称为"鼓"，敲击正鼓部和侧鼓部会形成两种不同的振动模式，从而产生两个不同的音。

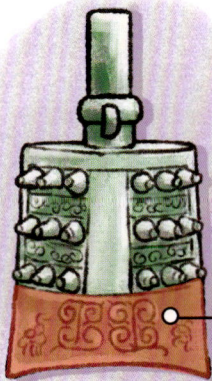

鼓

正鼓

咦，发出的声音不一样？

侧鼓

商鞅方升

- 【出土信息】 晚清时期出土于陕西省蒲城县。
- 【国宝简介】 高 2.3 厘米，通长 18.7 厘米，宽 7 厘米，重 0.7 千克，它是战国时代秦国的商鞅为秦统一度量衡监制的标准量器。

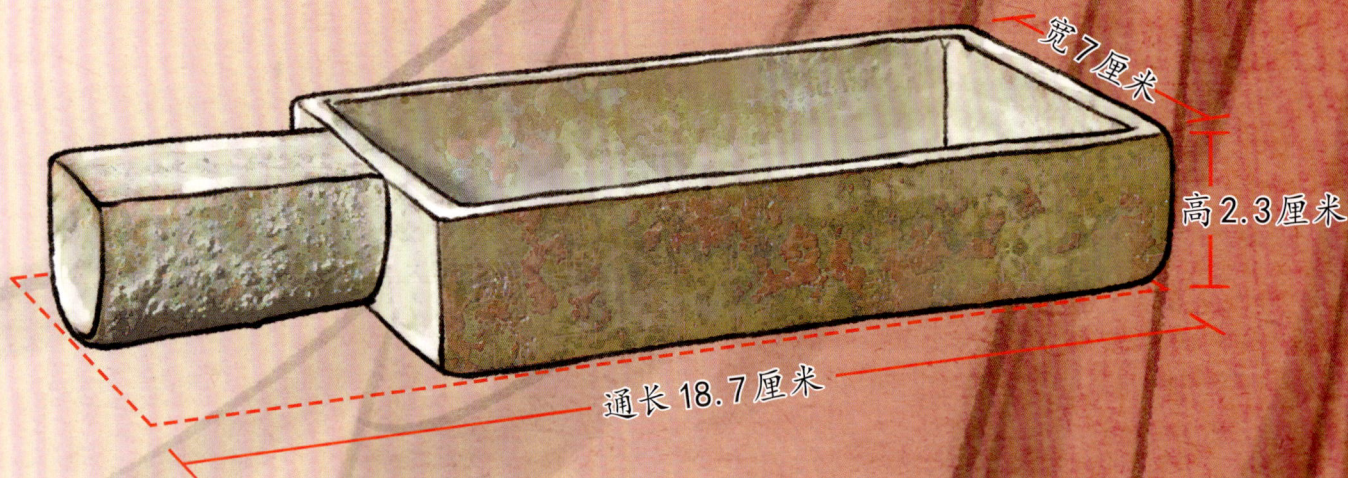

宽 7 厘米

高 2.3 厘米

通长 18.7 厘米

自带产品说明书

这件商鞅方升重 0.7 千克，它的三个侧面与底面都刻有铭文，这些铭文就像产品说明书。铭文中记载了它的生产时间为公元前 344 年，设计者是商鞅。商鞅监督制作了这件方升，并将它的容积定义为"一升"。

公元前 344 年

大良造 鞅

古代一升和现在的一升差这么多？

1 升仅为现在的 202.15 毫升

不同时期，度量标准是不同的。人们发现，商鞅方升的 1 升仅为现在的 202.15 毫升。小朋友，你找找家里有没有两百毫升的瓶子，就知道战国时候的一升具体是多少了。

古代 1 升　　　　现代 1 升

手掌大的"中国标准"

"商鞅方升"是一件长方形的有柄器物，跟成人的手掌大小差不多。但就是这个方形盒子在 2000 多年前定义了 1 升的"中国标准"。

古人的测量方法

今天，我们的测量工具已经十分精确，可是在几千年前，古人却是借用自己的身体这种"大概齐"的方式来测量。比如，他们创造了"布手知尺"的方法，就是规定拇指和食指指端的距离为"一尺"，可是每个人的手掌大小不同，不同的人量出来的"一尺"就会不同。

"手捧成升"

和"布手知尺"一样，手捧为升也是一种用身体来测量的形式。古代以升、斗等容量单位来测量粮食的分量，两手合起来捧起的粮食容量就是当时的1升。

"尺"的出现

　　这种"大概齐"的情况，一直持续到春秋战国时期才有所改善。鲁班尺的出现让"尺"真正成为建筑与家具尺寸测量的工具。

度　　　　　量　　　　　衡

秦始皇统一度量衡

　　度量衡指中国古代用于计量物体长短、容积、轻重的器具的统称。秦始皇统一中国后，颁布了统一度量衡的诏书，长度、容量、重量的单位在全国才得以统一。这件商鞅方升就是为统一秦国度量衡而制造的铜制量器。

子仲姜盘

【出土信息】 出土于山西省，出土时间不详。

【国宝简介】 春秋早期贵族所用青铜器，高 18 厘米、口径 45 厘米、重 12.4 千克，盘内有很多小动物：水鸟、青蛙、乌龟、小鱼，甚至盘沿上还趴着龙，盘底还有三只老虎支足。

满是动物的青铜器

这件 2700 多年前的青铜器，身上爬满了可爱的动物。在盘内，有水鸟在飞翔，有鱼儿在嬉戏，有青蛙在蹦跳、有乌龟在爬行。盘底被 3 只健壮的老虎托举着。盘壁上趴着一对调皮的龙，龙后爪攀在盘腹上，前爪趴在盘沿，龙头探在盘沿，既像喝水又像窥视盘内的小动物。

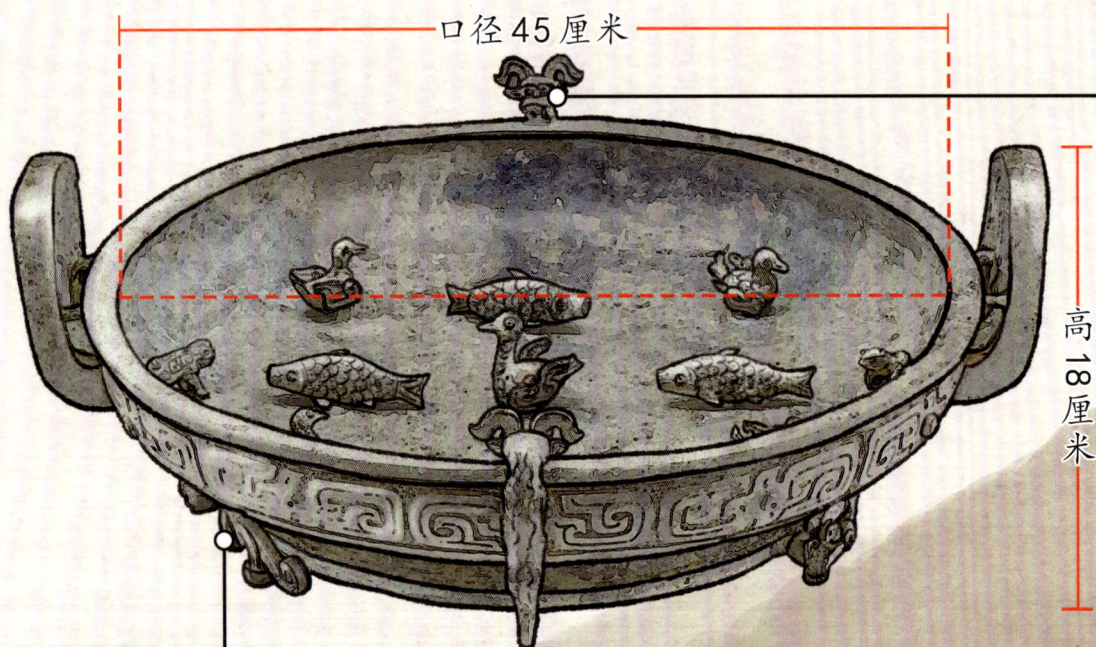

口径 45 厘米

高 18 厘米

巧思的设计

这件盘子中心是一只雄鸟，如果把雄鸟和周围动物连上线，刚好可以将盘面分成 8 等分。可见盘子的设计者在设计这件青铜器时是多么用心。

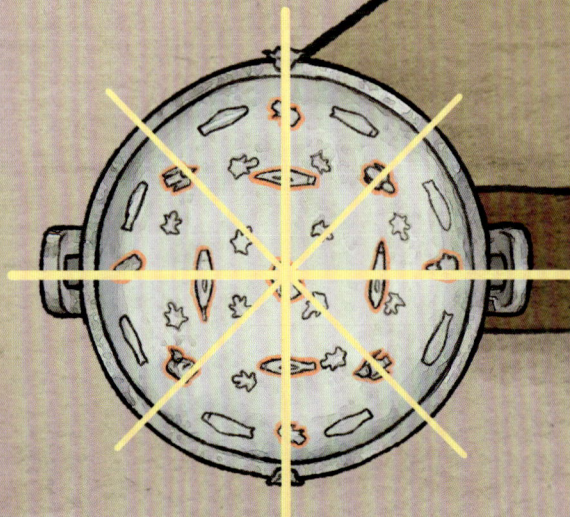

贵族的洗手盘

　　猜猜看，这件青铜盘在 2700 多年前是做什么用的？原来它是用来盛水的，但不是装水喝的，而是有点儿像现代人的洗脸盆或洗手盆。

盘里的动物会"游泳"

这件青铜盘的神奇之处在于盘中的小动物会动。在贵族们洗脸或者洗手的时候，从上而下的水流会冲击盘内圆雕动物，它们就会在水里"转圈圈"，看上去好像在水里欢快地游泳一样。

青铜器也可以很可爱

说到青铜器，我们经常会想到"鼎"这样威严厚重的青铜器，但是这件子仲姜盘却很是生动可爱。的确，到了春秋时期，有的青铜器像玩具一样有了更多的生活气息，变得可爱起来。

我是不是有点儿可爱？

爱情信物

从盘内底的铭文可以看出，"子仲姜盘"是一位浪漫体贴的丈夫送给爱妻的礼物。这位丈夫是一名贵族，他为妻子"仲姜"制作了这件盥洗用的青铜盘。他希望他的妻子能长寿，同时也希望他的后世子孙能保存好这个盘，把它当作传家宝传下去。

王羲之《上虞帖》卷

【国宝简介】 东晋书法家王羲之写给亲友的书信，共有7行58个字。帖纵23.5厘米，横26厘米，草书，麻纸本，是王羲之晚年的草书。此帖是唐代摹本，收藏在上海博物馆。

王羲之的"上虞帖卷"

这张手札共7行，58个字，是王羲之用草书写成的，因为帖上带有地名"上虞"，所以得名《上虞帖》。此帖字体风格随意洒脱，很是不拘小节。王羲之是东晋时期著名书法家，被世人誉为"书圣"，其行书作品《兰亭序》被后世称为"天下第一行书"。

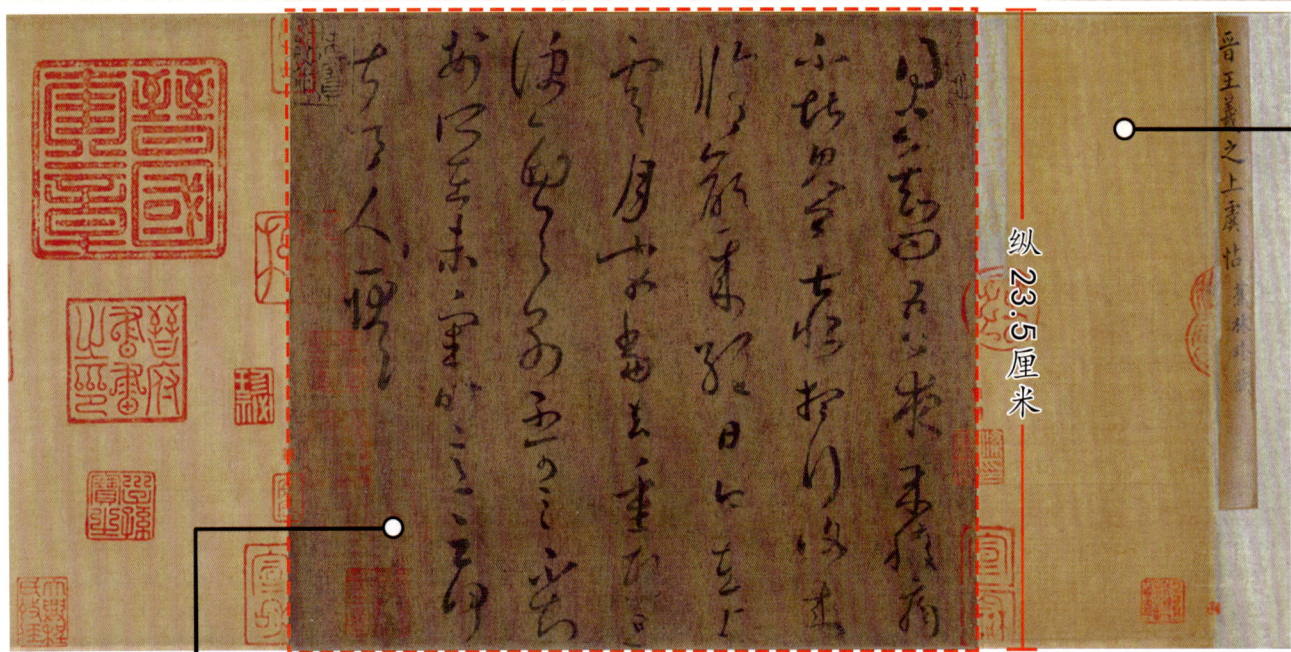

纵23.5厘米

横26厘米

得书知问。吾夜来腹痛，不堪见卿，甚恨！想行复来。修龄来经日，今在上虞，月末当去。重熙旦便西，与别，不可言。不知安所在。未审时意云何，甚令人耿耿。

几千年前的"请假条"

这是1600多年前的一张"请假条"，是东晋人王羲之写给友人的亲笔信。在"请假条"里，王羲之告诉亲友："我昨晚肚子痛，所以我们约好的会面，我来不了了，非常抱歉。"所以，《上虞帖》卷还有一个有趣的名字，叫作《夜来腹痛帖》。

不是真迹的国宝

《上虞帖》卷珍藏在上海博物馆里，有意思的是，这幅《上虞帖》并不是王羲之的真迹，而是唐代的描摹本。王羲之的真迹早已消失，而这幅唐代摹本是最接近真迹的摹本。

你们如今可还好？

王羲之挂念的三个人

在这封亲笔信里，王羲之除了表达歉意外，还提到了他的三个亲朋好友，分别是他的弟弟修龄（王胡之）、妻弟重熙（郗昙）和他的好朋友谢安，在这封信里他表达了对这三个人的挂念。

笔山墨池

　　王羲之从小就很有书法天赋，当然他也相当刻苦努力。据说他练字用坏的毛笔，堆在一起成了一座小山，人们叫它"笔山"。他家的旁边有一个小水池，王羲之经常在水池里洗毛笔和砚台，以至于整个水池的水都变黑了，这个水池被叫作"墨池"。

书法界"二王"

王羲之的儿子王献之书法同样很厉害，他们父子一起被称为"二王"。上海博物馆不仅有王羲之的书法作品，还有一幅王献之的草书作品《鸭头丸帖》，这也是上海博物馆的"镇馆之宝"。

儿，你可是继承我的衣钵了！

"天下第一行书"《兰亭集序》

王羲之的书法作品中，最为著名的是《兰亭集序》，被誉为"天下第一行书"。

入木三分

入木三分这个成语与王羲之有关。相传，王羲之在木板上写祝词，笔力深厚，墨水渗透到木板里面三分厚处，于是有了"入木三分"这个成语，"入木三分"后来用来形容书法笔力强劲，也用来形容对事物了解深刻。

越窑青釉海棠式碗

【国宝简介】 来自唐代的越窑青釉海棠式碗。高 10.8 厘米，口纵 23.3 厘米，口横 32.2 厘米，足径 11.4 厘米。

一朵盛开的海棠花

唐代的越窑青釉海棠式碗，看上去就像一朵盛开的海棠花，因此被称为海棠式碗。整个碗的釉色青中泛黄，显得非常古朴典雅。

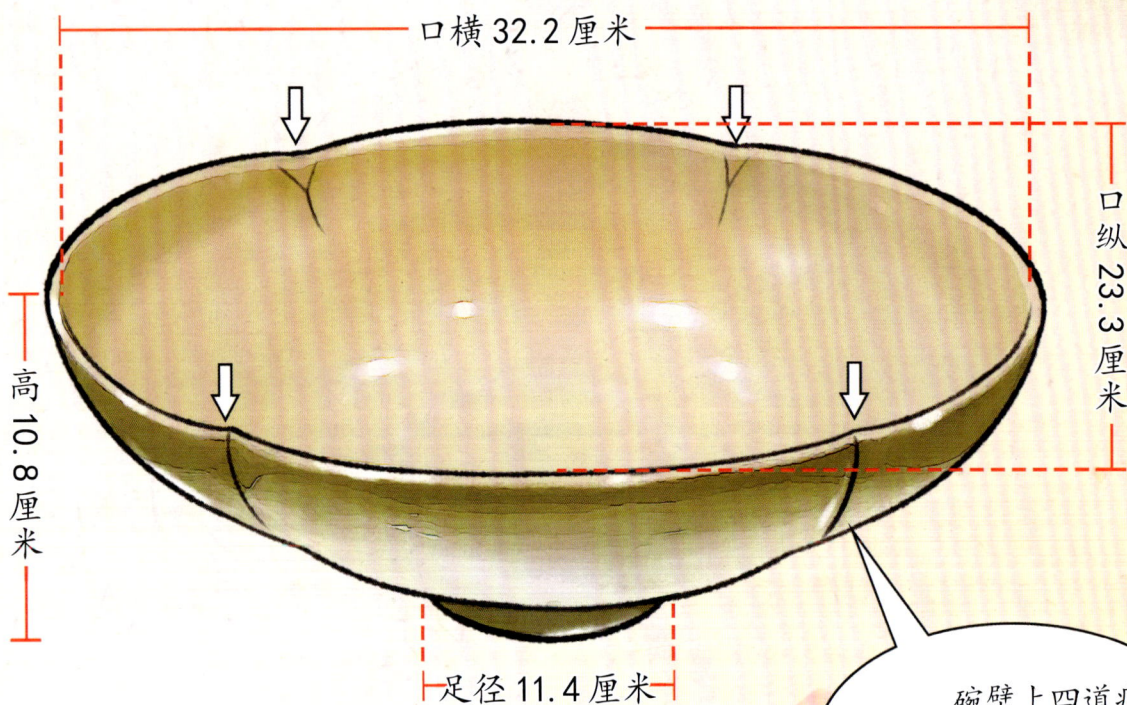

口横 32.2 厘米

口纵 23.3 厘米

高 10.8 厘米

足径 11.4 厘米

碗壁上四道痕迹模仿了海棠花瓣的形状。

为何如此珍贵？

海棠式碗在唐代很流行，但是传世和出土的完整实物中，这样的大碗十分少见，所以显得尤其珍贵。

唐代流行海棠碗

　　唐代时期，人们很喜欢海棠花，甚至会把碗也做成海棠花的形状。海棠碗是唐代很流行的一种款式，不但有瓷的海棠碗，还有用金银打造的海棠碗。

唐代瓷器有"南青北白"之分，南方主要以越窑为代表烧制青瓷，北方则是以河北的邢窑为代表烧制白瓷。

邢窑白瓷执壶

越窑青瓷非常受欢迎

这件青釉海棠式碗是唐代越窑生产的。在唐代，越窑烧制的青瓷非常有名，有着温润如玉的釉质，很受文人雅士的喜爱。越窑的窑址在当时的越州，就是今天的浙江绍兴一带。

最"神秘"的瓷器——秘色瓷

　　我国有一种最"神秘"的瓷器，叫作"秘色瓷"。秘色瓷其实是青瓷的一种，瓷器外表"如冰""似玉"，非常美妙。为什么会称为"秘色瓷"？其实是因为在古代，这种瓷的釉料配方需要保密，专用于皇家瓷器的烧造。

秘色瓷莲花碗

唐代越窑青瓷走出国门

　　中国瓷器的大批量外销是从唐代开始的。在唐代，大量的越窑青瓷被销往了东亚、东南亚、中东和东非等地区。在东南亚地区发现的一些海底沉船中，就发现过大量越窑青瓷。比如 1998 年在印度尼西亚勿里洞岛海域的"黑石号"沉船，发现了大量中国产陶瓷器，其中就有很多件越窑青瓷。

缂丝《莲塘乳鸭图》

【国宝简介】 南宋朱克柔创作的缂丝《莲塘乳鸭图》，画心纵 107.5 厘米，横 108.8 厘米。这是一幅生趣盎然的莲塘实景图，绿头双鸭在萍草间浮游，乳鸭相随，还有白鹭、翠鸟、红蜻蜓、水黾，或站或立或飞舞忙碌着。

看看你能找到几种动物？

这幅《莲塘乳鸭图》里的动物十分灵动，一对白鹭正在休憩，绿头鸭父母带着两只小乳鸭在莲叶间穿梭、嬉戏，翠鸟、蜻蜓在花草间忙个不停……请你看一看，能在这幅画中找到这些动物吗？

横 108.8 厘米

纵 107.5 厘米

翠鸟

蜻蜓

燕子

白鹭

水黾

未完成的作品？

　　仔细观察这幅《莲塘乳鸭图》，图中鸭子、白鹭、水凫全都是成对出现的，所有的花草，或者是并蒂，或者是结双子，也是双数的。但位置偏上的白莲是单只独朵的，翠鸟、燕子、蜻蜓，也都落了单，各有一只。人们推测，制作者应该是想要在整幅作品中让所有的动物和植物都成双成对出现，这是一种吉祥美好的祝愿。但是从不完整的翠鸟头部推测，这幅作品要么是未完成的作品，要么就是不小心被裁掉了。可惜，由于时间太过久远，人们已经无法知道真相到底是什么了。

初夏时节的美景

　　庭院水池的一角水波荡漾，太湖石旁环绕着莲花、芙蓉、百合、芦苇等花草，看到这些景物，小朋友们知道这幅《莲塘乳鸭图》描绘的是什么季节的美景吗？没错，是初夏时节的美景。700多年前，南宋的朱克柔用"缂丝"这一独门绝技把初夏的美好画面给定格了下来。

用丝线"绘制"的画

这幅宋代写生作品和其他画作不同的是，它不是画在纸上，而是用丝线织成的。《莲塘乳鸭图》是采用"缂丝"技艺织成的丝织品。

和金子一样珍贵的缂丝

"缂丝"是一门古老的手工艺术，手工技艺难度非常高，费时费力，而且机器无法取代，必须人工完成，即使是熟练的缂丝工人，一天也织不出多少，有"一寸缂丝一寸金"和"织中之圣"的美誉。

颇受帝王贵族追捧

缂丝制品非常漂亮，所以备受帝王贵族追捧。宋元以来，缂丝制品一直是皇家御用织物之一。

缂丝花鸟牙柄刻八仙团扇　　　　石青八团夔龙纹妆花缎袷褂

"缂丝"技艺品

一般的织物，都是由经纬线交织而成，多数是"通经通纬"的，所有纬线必须通过全部经线，织物表面的花纹清晰可分。缂丝的独特之处在于"通经断纬"，两花之间经线相通，纬线不贯穿整个幅面。每遇到一种不同的色彩，会立即截断原有丝线，更换另一种色彩的丝线，这是织造的最难之处。

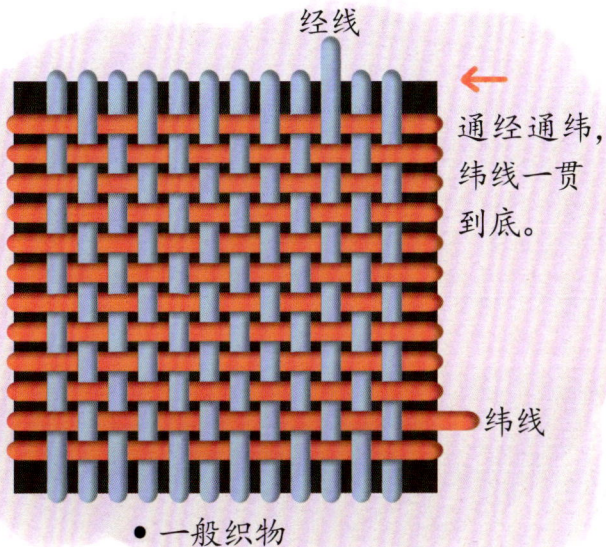

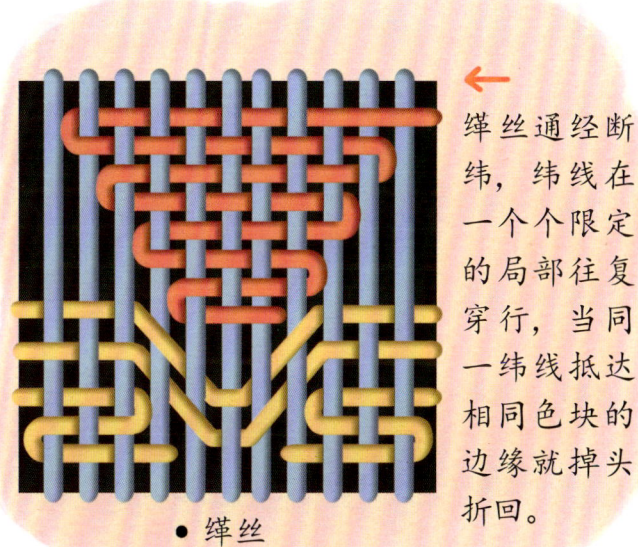

经线

通经通纬，纬线一贯到底。

纬线

● 一般织物

缂丝通经断纬，纬线在一个个限定的局部往复穿行，当同一纬线抵达相同色块的边缘就掉头折回。

● 缂丝

最早的缂丝用品

目前发现最早的缂丝织物是唐代的一条缂丝腰带，出土于吐鲁番阿斯塔那张雄夫妇合葬墓，被发现时缠在一个女舞俑的腰上。

唐几何菱纹缂丝腰带

"四大家织"

苏州缂丝画与杭州丝织画、永春纸织画、四川竹帘画并称为中国的"四大家织"。

景德镇窑粉彩蝠桃纹橄榄瓶

【国宝简介】 这件粉彩蝠桃纹橄榄瓶出自清朝雍正时期景德镇官窑。高 39.5 厘米，口径 10 厘米，足径 12.3 厘米，腹径 18.5 厘米，瓶身画着硕果累累的桃枝，两只瑞蝠在枝叶间展翅翻飞。

口径 10 厘米

高 39.5 厘米

桃子和蝙蝠代表什么？

这件橄榄瓶的瓶身上画着 8 只鲜艳欲滴的桃子，还有两只蝙蝠在一旁翻飞起舞，十分漂亮。古人用桃子来表示"长寿"，取蝙蝠的"蝠"与"福"谐音，用它代表"福气"，所以这件桃子和蝙蝠结合的瓷瓶，也就有"福寿双全"的美好祝愿。

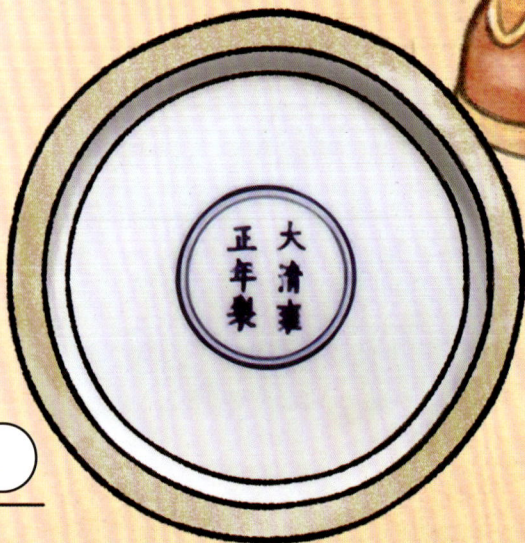

大清雍正年製

瓶底

有趣的橄榄形

来看这件瓷瓶，中间大而鼓，两端细，看起来跟一颗绿橄榄十分相像，古人称这种形状的瓷瓶为"橄榄瓶"。这种器型瓷器在清朝雍正和乾隆时期十分常见。

绝世宝瓶

这件精美瓷器是清朝雍正时期的绝世宝瓶，为什么说是绝世宝瓶？一是它代表了整个清代粉彩的最高技艺；二是有"粉彩蝠桃"图案的橄榄瓶，目前世上仅此一件，所以堪称绝世宝瓶。

为何称为粉彩瓷？

　　粉彩瓷是清代创制的一种瓷器新品种。在烧制这种瓷器的时候，会用到一种特别的颜料——"玻璃白"。人们先在白釉瓷器上用"玻璃白"进行彩绘，再入窑烧制，这样烧制出来的瓷器会呈现各种深浅的粉彩色调，因此称作粉彩瓷器。

神奇的"玻璃白"

　　"玻璃白"这种颜料很神奇，它跟彩色颜料融合后，画面会发生神奇变化：红彩变粉红、绿彩变粉绿、黄彩变浅黄，这种粉润柔和的颜色在瓷器上别有味道。

曾沦为灯座的稀世珍宝

　　这件稀世珍宝曾经流落到了美国纽约。在美国，这件粉彩瓶被人用作了台灯灯座。为了保证"灯座"的稳定性，瓶子里面还被人放进了一些泥沙。好在经过许多年的漂泊，这件独一无二、具有历史传奇的稀有珍品终于回归故土。

寻"国宝"之旅开启！

小朋友，我们的寻"国宝"之旅开始啦！如果在上海博物馆里你找到了下面的国宝，就在国宝旁边的方块里打上"√"，最后，一起看看你找到了几件国宝吧！

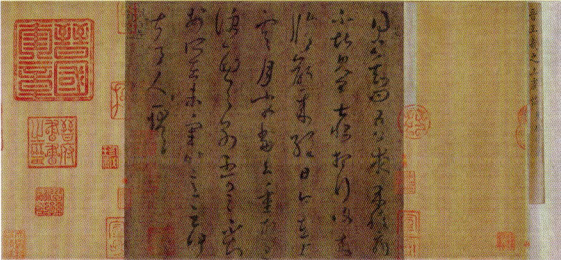

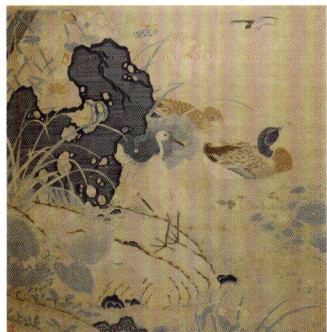

我们的寻宝之旅成功啦！

图书在版编目（CIP）数据

上海博物馆 / 玉兰童书著. -- 石家庄：河北少年
儿童出版社, 2025.1. -- (带你去逛博物馆). -- ISBN
978-7-5595-6616-4

Ⅰ. G269.275.1-49

中国国家版本馆CIP数据核字第2024ZT7234号

带你去逛博物馆

上海博物馆

SHANGHAI BOWUGUAN

玉兰童书　著

出 版 人	段建军	美术编辑	穆 杰　温若迪
选题策划	李 爽　赵玲玲	特约编辑	王瑞芳
责任编辑	李 平　陈伟康	装帧设计	赵 晨

出版发行	河北少年儿童出版社
地　　址	石家庄市桥西区普惠路 6 号　邮政编码 050020
经　　销	新华书店
印　　刷	鸿博睿特（天津）印刷科技有限公司
开　　本	1 000 mm×1 200 mm　1/16
印　　张	3.25
版　　次	2025 年 1 月第 1 版
印　　次	2025 年 1 月第 1 次印刷
书　　号	ISBN 978-7-5595-6616-4
定　　价	49.80 元